je suis jeune je vote

le Pater !

Lili Solange

Le 7 Octobre je suis jeune je vote le Pater !

et puis c'est tout...

EdkBOOKS

©EdkBOOKS – Paris, septembre 2018
ISBN : 978-1727745290

Avant-propos.

Nous avons fait appel à une jeune camerounaise pour ce projet « je suis jeune je vote le pater » à l'occasion de la présidentielle du mois d'octobre 2018 en préparation, que nous avons voulu réaliser.

Lili Solange, étudiante camerounaise qui achève sa formation en communication à l'Université de Paris II, nous a apporté un brouillon que nous avons amélioré, en en respectant l'esprit.

Enoh Meyomesse.

1
Pater, tu dois achever l'œuvre entamée.

Pater, je vais voter pour toi le 7 octobre prochain parce que tu dois achever l'œuvre que tu as entamée. Si tu tournes le dos maintenant, avec ce que j'entends-là, rien ne me garantit que celle-ci se poursuivra. Tu as œuvré pour l'avènement de la démocratie et de la liberté au Cameroun. Aujourd'hui nous parlons librement. Nul n'est plus inquiété pour cela. Nous nous déplaçons librement. Il n'y a plus de laisser-passer comme autrefois.

Nous sortons librement du territoire sans plus demander d'autorisation à la police. Tu as libéralisé la délivrance du passeport. Il est devenu la banale pièce d'identité qu'il aurait toujours dû être et n'est plus un document pour quelques privilégiés de la République. Tu as fait disparaître la police politique. Ses agents ne viennent plus écouter aux portes des gens, pour aller moucharder. Les terribles bagnes de Mantoum, Yoko et Tcholliré, ne sont plus que de désagréables lointains souvenirs. De la préhistoire...

Nous ouvrons désormais comme nous le voulons et là où nous le désirons, des boutiques, de petits commerces divers, il n'est plus besoin pour cela de subir un interrogatoire, etc., etc., etc.

Notre pays compte à présent 9 candidats à l'élection présidentielle. Hier, il était unique !

Pater, je voterai pour toi le 7 octobre, pour que tu poursuives, affermisses et achèves convenablement et sereinement ce que tu as entamé : l'octroi d'une la liberté pleine et entière au peuple camerounais.

2

Ta légendaire sagesse saura ramener ceux qui ont été trompés.

Pater, ton long séjour au sommet de l'Etat est pour nous un atout.

A ce jour, tu demeures le meilleur connaisseur des dossiers du pays. Toutes les grandes crises que celui-ci a connues depuis qu'il a ob-tenu son indépendance et réalisé sa réunification, se sont déroulées sans excep-tion sous tes yeux. Tu sais comment elles sont nées, tu sais également comment elles ont atteint leur paroxysme, tu sais comment enfin elles se sont éteintes. Peu nombreuses sont les personnes à ce jour dans notre pays qui peuvent t'égaler sur ce plan.

Cette irremplaçable expérience qui est la tienne, nous rassure que tu es en train patiemment d'œuvrer à ramener sur le droit chemin ceux de tes enfants que nous sommes, qui ont été induits en erreur par des personnes habitées de rêves irréalisables.

Par mon vote, je vais te donner les moyens de ramener dans leurs villages, ceux qui se trouvent actuellement en forêt. Leur place n'est pas là-bas. Elle est avec les autres jeunes, elle est avec nous, à bâtir des plans d'avenir.

3
Nous savons que tu maintiendras l'unité de notre pays.

Pater, les forces centrifuges à l'heure actuelle sont nombreuses en ce début de 21ème siècle dans notre pays. Elles sont d'autant plus nuisibles qu'elles se sont trouvé des relais extérieurs, voire même qu'elles en proviennent tout bonnement.

Mais, ce n'est guère la première fois que tu te retrouves confronté à une telle difficulté. Nous avons en mémoire le maintien de

Bakassi dans notre territoire là où de puissants lobbies internationaux avaient déjà acquis des droits d'exploitation du pétrole qui gît dans son sous-sol. Tu y es parvenu à merveille et à moindre coût.

Ceci nous amène à ne nullement douter de l'insuccès des séparatistes actuellement en activité dans notre pays.

De même, nous voyons comment nos vaillants soldats sous ta conduite éclairée sont parvenus à contrecarrer le funeste projet de création d'un Khalifat sur notre sol.

Nombreux curieusement étaient ceux qui souhaitaient au fond d'eux-mêmes la défaite de notre armée, nourrissant le vain espoir que cela entraînerait un chaos qui leur permettrait d'accéder au pouvoir.

Pater, notre pays ne sera pas disloqué tant que tu le dirigeras.

4

Nous ne croyons pas aux promesses mirobolantes.

Pater, nous sommes tout simplement abasourdis par ce que nous entendons ces jours-ci. Ces gens sont-ils des prestidigitateurs ? Possèdent-ils des baguettes magiques dans leurs sacoches ? Avec quels fonctionnaires viendront-ils métamorphoser de manière miraculeuse le pays, sinon avec les mêmes qu'ils accusent de l'avoir sabordé ? Fabriqueront-ils une nouvelle race de Camerounais toute différente de celle d'aujourd'hui qu'ils qualifient « *d'incompétents* » ?

Pater, les gens ignorent une chose fondamentale : nous sommes avant tout un pays pauvre.

Notre budget annuel ne se situe même pas au niveau de celui de la ville de Lyon en France, par exemple. Là-bas il s'élève à la somme de 757[1] milliards d'euros, soit 496.516 milliards de F CFA, pour l'année 2018 en cours alors que le nôtre n'est modestement que de 5.000 milliards ! On le voit, il le dépasse de 491.000 milliards !!! Notre budget n'atteint même pas

---

[1] - https://www.lyon.fr/vie-municipale/budget-et-compte-administratif/connaitre-et-comprendre-le-budget-2018

le montant de celui d'un seul des neuf arrondissements de cette ville de province française que l'on pourrait chez nous comparer à Bafoussam en termes d'importance.

Avec une enveloppe budgétaire d'un tel volume, quoi de surprenant que les routes de cette ville, les habitations, les services publics, les transports, les hôpitaux, les écoles, les centres sportifs, les maisons de retraite, les crèches, etc., etc., soient tous de première qualité ?

A contrario, quoi de surprenant en même temps qu'il n'en soit pas de même pour les villes de Bafoussam, Douala, Yaoundé, Garoua, Maroua, etc. ?

Notre budget national résonne certes en milliers de milliards qui éblouissent de manière considérable la population.

Toutefois, il est en réalité bien modeste et ne permet guère des réalisations à la dimension de nos souhaits.

La grande question par conséquent que je ne peux manquer de me poser en entendant les mirobolantes promesses des uns et des autres en ce moment est celle-ci : mes chers candidats, comment ferez-vous pour que notre capitale, Yaoundé devienne comme Paris, Londres ou Berlin, et notre pays Le Cameroun comme les Etats-Unis d'Amérique, la France ou le Canada, au lendemain du 7 octobre, tel que vous le promettez ?

Où trouverez-vous les colossales sommes d'argent nécessaires à la réalisation de vos extravagants délires ?

Autre question qui découle des deux précédentes, pensez-vous que la fameuse « *volonté politique* » dont vous déplorez inlassablement l'absence chez nos dirigeants et dont, pour ce qui vous concerne, vous regorgeriez soit à elle seule suffisante pour opérer les miracles que vous annoncez si

candidement aux Camerou-
nais ?

En l'absence de réponse à
ces questions, car il n'en
existe tout simplement pas,
Pater, je vais voter pour toi,
un point c'est tout.

5
Nous sommes bien élevés, et n'acceptons pas qu'on t'insulte.

Pater, parce que je suis une jeune bien élevée, je vais voter pour toi. Je demeure abasourdie devant le comportement des politiciens qui prônent comme modèle pour nous autres les jeunes, les injurieurs publics. Je le suis devant tous ceux qui restent indifférents face à une telle attitude. Je le suis enfin devant tous ceux qui, au nom de la politique, estiment que la bienséance n'a pas de raison d'être.

Non ! Je m'insurge vivement contre cela.

Un Pater demeure un Pater, au village comme en ville. Dans la famille comme dans la société. On ne peut d'un côté se déchausser devant son chef traditionnel, ne pas lui tendre la main en premier pour le saluer, et de l'autre, abreuver d'anathèmes le chef des chefs qui est le Chef de l'Etat. Non ! Cela est tout bonnement de l'impolitesse, de la très mauvaise éducation. On ne saurait bâtir un pays avec des injures, en tout cas, pas le Cameroun !

6

Tu as hissé notre pays à la tête de la CEMAC.

Pater, j'entends de stupides comparaisons. Tel pays d'Afrique réussit mieux que le nôtre, alors que patati, patata. Mais, dans le même temps, les illusionnistes qui se délectent de telles comparaisons totalement ridicules, savent-ils que de tous les pays de la CEMAC, le nôtre est celui qui détient le record de kilomètres de routes bitumées ? Je n'en suis pas sûre.

Le dénigrement actuel est d'abord une question d'

ignorance en bonne et due forme. Les gens propagent des nouvelles sans fonde-ment.

Toujours à écouter ces « *sauveurs* » miraculeux au lendemain du 7 octobre, comment passer sous silence le fait que c'est notre agriculture et notre élevage qui nourrissent la popula-tion de toute l'Afrique cen-trale ? Pater, si ces gens te détestent, pour quelle rai-son ne rendent-ils pas sim-plement un hommage ap-puyé à notre paysannerie ? Qui définit et oriente la po-litique agricole du Came-roun, n'est-ce pas toi ? Pour-quoi s'emmurer dans un dé-nigrement systématique et refuser de reconnaître les réussites qui sont les nôtres en dépit du « *manque de volonté politique* », de ton gouvernement, à entendre leurs langues fourchues.

7

Les gens actuellement
« rendent gorge ».

Pater, lorsque tu avais prononcé cette expression au cours d'un congrès de ton parti, d'une part en vérité nous ne la connaissions pas pour ne l'avoir jamais entendue auparavant, d'autre part nous n'avions pas mesuré sur le moment sa profondeur, sa réelle signification.

Aujourd'hui, par bonheur, nombreux sont en effet ceux qui recrachent malgré eux le pactole de l'Etat qu'ils ont indûment ingurgité. Qui aurait pu penser un seul instant que tu aurais pu y parvenir ? Bravo !

Je vais voter pour toi afin que tu ne recules pas dans ce combat salutaire pour le pays.

8

De toi nous hériterons d'un pays modernisé et fort.

Pater, je voterai pour toi en fin de compte, parce que de toi nous hériterons d'un pays modernisé et fort.

Comment ne pas nous réjouir de ces magnifiques stades de football que tu as décidé d'offrir au peuple camerounais et tout particulièrement à nous les jeunes ?

Ils seront là pour des décennies. Nous nous en servirons. Ils feront la gloire du

Cameroun. Ils contribueront immanquablement à son rayonnement sportif international. Le Palais des Sports de Warda à Yaoundé ne le fait-il pas déjà à merveille ?

De même, comment ne pas me réjouir de ta décision d'électrifier le pays ? Des barrages se construisent actuellement et vont procurer du courant électrique aux ménages, tout en permettant également l'industrialisation du pays, et au bout du compte la création de millions d'emplois.

Pater, voilà une politique réaliste, concrète, efficace, porteuse de grandes espérances pour notre peuple et plus particulièrement les jeunes que nous sommes à ce jour.

J'ai entendu l'un de tes contradicteurs prétendre, ô Dieu ! que la construction de barrages est une ineptie ! J'en suis tout simplement morte de rire.

Voilà un personnage qui désire devenir chef d'Etat, mais qui projette de maintenir son peuple dans l'obscurité ! Incroyable ! Je répète, INCROYABLE !

Pater, comment, le 7 octobre, ne pas voter pour toi dans ces conditions les entièrement yeux fermés ?

La grande différence entre ces gens et toi, c'est le réalisme qui imprègne ta démarche, et l'utopie qui caractérise la leur.

Je me réjouis bien évidemment des 102 milliards que tu as décidé de nous accorder à nous les jeunes à la faveur de ton « *Plan Triennal Spécial Jeunes* ».

Pater, le 7 octobre, je voterai pour toi, et puis c'est tout ...